Birgit Pape-Thoma

Je veux

Poèmes d'amour

avec des dessins
d'**Alain Kojelé**

Illustrations et dessin de couverture : Alain Kojelé
Édition : BoD – Books on Demand, 12/14 rond-point des Champs-
Élysées, 75008 Paris, France
Impression : BoD - Books on Demand, Norderstedt, Allemagne
ISBN : 9782322182572

Dépôt légal : Mars 2021

Ces poèmes expriment le désir, le plaisir et le rêve. Et c'est comme une surprise de voir, comme dans un miroir, ce que l'on pense de l'autre côté. Une surprise, une correspondance et la nécessité du partage puisque ce n'est pas solitaire. Ce qui suscite le rêve de maintenir ce partage.

Maximilien Laroche

Avant-propos

Depuis que je passe une grande partie de ma vie en France, la langue française m'inspire à écrire : des courts récits, des poèmes, des plaisirs minuscules. Les poèmes de ce recueil, issus du fond de mon cœur, le montrent. Maximilien Laroche, professeur de littérature à l'université Laval (Québec) et ami de longue date, m'avait encouragé à les publier peu avant son décès en 2017. Qu'ils plaisent aux lecteurs aussi !

Je t'attends

Je t'attends
tout excitée
le corps parfumé,
la bouche maquillée

J'attends
que tu viennes
doucement me prennes
l'amour sans rênes

J'attends
tes caresses
ta main sur mes fesses
va-et-vient sans cesse

J'attends
que tu me remplisses
que je jouisse
ultime délice

Causer avec toi

causer avec toi
entendre ta voix
entendre ton rire

causer avec toi
un vrai plaisir

causer avec toi
l'Afrique
l'Europe
le monde

causer avec toi
des projets
des faits
des plaies

causer avec toi
l'amitié
et l'amour

causer avec toi
fait jaillir
le désir

causer avec toi
une drogue
une vague de chaleur

causer avec toi
m'inspire
le pur délire

causer avec toi
le vrai plaisir !

Follow me

Follow me
Sur cette vague de passion
Tapissée de tendresse
In the middle of ndolo*

Follow me
Sur le chemin sensuel
Pavé de plaisir
In the middle of ndolo

I'll wait for you
Au pays du bonheur
Remplie de douceur
In the middle of ndolo

C'est quoi l'amour :

La sympathie réciproque,
une question spirituelle ?

Le besoin physique,
une question hormonale ?

La vision métaphysique,
une question philosophique ?

Le besoin quotidien,
une question pathologique ?

L'approche amicale,
une question plutôt banale ?

C'est quoi l'amour ?

Un rêve

La nuit passée
J'ai rêvé de toi
J'ai rêvé d'un baiser
Tes lèvres effleuraient les miennes
Tout doucement
Tout chaudement
Tes mains caressaient mes seins
Elles suivaient mes courbes
Mes hanches
Mes fesses
Je ressentais ton sexe
Qui gonflait
Dans ma main
Dans ma bouche

Désir

Il commande un Cognac
Du Champagne pour elle
Dans sa robe rouge et black
Elle est jolie et si belle

Ses yeux sont grands et bleus
Sa bouche promet du plaisir
Elle le lui fait se languir
De son corps pulpeux

Il a envie de la caresser
Sa robe elle va baisser
Il veut l'entendre gémir
Sa voix rauque du désir

Ses seins dans sa main
Le creux de ses reins
Son bijou elle le touche
Elle le prend dans sa bouche

Quand ils quittent le petit bar
Il voit ses fesses qui bougent
Dans sa robe black et rouge
Hélas, ces moments sont rares

Il pense à ce truc qui pend
Son sexe qui s'embrase il le sent
Comme la vie peut être belle !
Pour un homme et une femme
Sensuels

Les couleurs

Les couleurs de la journée :
le bleu du ciel
le jaune du blé
le vert du gazon
le rouge du coquelicot
et le marron de ta peau

Les couleurs de la nuit :
le noir du ciel
la brillance des étoiles
le rouge de l'amour
et le marron de ta peau

La journée,
ce sont mes yeux
qui se promènent
sur les belles couleurs
de la nature
le soleil
qui les caresse

La nuit,
c'est ma bouche
qui se promène
sur la belle couleur
de ton corps
mes mains
qui te caressent

La journée,
les couleurs éclatent
vives
belles
riches

La nuit,
notre amour s'éclate
beau
rouge
chaud

Toute la nuit

Toute la nuit
j'ai rêvé d'un lion
qui est fier
qui est viril
qui est fort
et qui me mord

Toute la nuit
j'ai rêvé d'un lion
qui est beau
qui est doux
sensuel
et qui ne m'effraie

Toute la nuit
j'ai rêvé de toi
qui me prend
qui m'emporte
j'étais ta proie

Toi

Je t'aime
only you
encore et encore
love l'amour Liebe

N'arrête pas
love l'amour Liebe
encore et encore
paradis terrestre
every day

Une nuit de verbes en –er

arriver
regarder
parler
dîner
causer
blaguer
rigoler
danser
zouker
coller
rimer
toucher
embrasser
déshabiller
coucher
contempler
caresser
lécher
sucer
exciter
baiser
aimer

Je ne voulais pas

je ne voulais pas
que l'on fasse l'amour
je voulais juste te parler
te regarder, être proche de toi
je voulais que tu m'écoutes
que tu me regardes
tu étais si excité
tu m'avais embrassé
sucé mes seins
m'avait donné envie
je ne pouvais pas résister
à ouvrir ta braguette
je ne pouvais pas résister
à y glisser ma main
tu étais si excité
ta culotte toute mouillée

je ne pouvais pas résister
à caresser ton sexe
je ne pouvais pas résister
à mettre ma langue
sur cette belle chose
si dure, si chaude
et puis, on avait fait l'amour
sans l'avoir voulu
tu m'avais prise
tu m'avais remplie
tu m'avais fait gémir
tu m'avais donné envie
de le refaire
je ne peux pas m'empêcher
de languir

Rêve

j'aurais aimé
que tu rêves de moi
de ma bouche
de mes lèvres
de mes seins
de mes hanches
de mes fesses
de ma tendresse
de mon bijoux
si doux

La Force de la voix

Tu entends cette chanson
pour la première fois.
Tu entends cette voix
Un peu rauque, très virile,
tu as la chair de poule.
Et tu craques.

Tu entends l'animateur
de la radio.
Tu aimes sa voix,
ce qu'il dit,
tu l'imagines beau
Et tu craques.

Tu entends la voix
du vendeur de billet de train
par téléphone.
Il blague et te drague.
Il te fait rire,
Et tu craques.

Tu entends la voix
de ton chéri de loin.
Il te dit des mots doux
Et érotiques.
Sa voix te rappelle ces nuits
Inoubliables.
Et tu craques.

Tu es si loin

Tu es si loin
à l'autre bout du monde

mais
le milieu du monde
est dans mon mitan

là
où je te sens
tu m'es si proche

Couleurs d'amour

Ta peau noire
m'enveloppe
comme de la soie

Ma bouche rouge
te caresse
goût fraise

Ton bâton ébène
me remplit
m'emporte

Mes lèvres violettes
t'avalent
affamées

Nos corps
se fondent
doucement

Coup de foudre

Je plonge mon regard
dans tes yeux

Je vois la convoitise
dans ton regard

Deux poissons
sombres et glissants
dans une mer bleue
et profonde

Le 20 juin

Il pleut
imperturbable
la tristesse m'envahit

Comment
subir la distance
les kilomètres
qui nous séparent ?

il me reste
l'espoir
de te toucher
un jour en été :
c'est mon soleil sous la pluie

(le 20 juin, début de l'été)

Souvenirs

Tu te souviens ?
Le baiser dans la voiture
Tes lèvres sur les miennes

Tu te souviens ?
Les mots que tu m'avais dits
Nos corps fondus

Un va-et-vient
Un va-et-vient
Un va-et-vient

Tu te souviens ?

Je veux te plaire

Tu me trouves belle,
sexy, sensuelle ?

Tu me trouves intelligente,
sage, éloquente ?

Tu me trouves charmante,
jolie, rayonnante ?

Tout ça je veux être pour toi
Mon désir élémentaire :
Je veux te plaire
Chaque minute, semaine et mois

Des sens

Je me ferme les yeux
et je pense à toi
à tes gestes
ta démarche souple

Je me ferme les yeux
et je respire ton odeur
le parfum de ta sueur

Je me ferme les yeux
et j'entends ta voix
les mots doux que tu m'adresses

Je me ferme les yeux
et je te goûte :
la saveur de ton nectar
une crème de coco
savoureuse

La distance

J'aurais besoin
d'un million de cartes téléphoniques
pour te parler tous les jours

des hectolitres d'encre
pour t'écrire toutes mes pensées

des années de lumière
pour ne jamais t'oublier

Où es-tu ?

J'aurais beaucoup à te dire
à te confier
à te parler de ma vie
de mes rêves et mes désirs
de mes soucis
mes petits et grands problèmes

J'aurais beaucoup à te dire
Mais tu n'es pas ici

Je veux

Je veux que tu caresses mon corps
je veux tes mains
je le veux pas demain
mon désir est trop trop fort

Je veux que tu sois mon amant
je veux que tu m'invites
je le veux vite
car je n'ai plus beaucoup de temps

Promenade

Ma bouche se promène
sur ton corps, sur ta peau
ma bouche sur la tienne
petit arrêt si beau
ma bouche continue
sa promenade vers le sud
pour trouver son terme
beau, droit et ferme

Dans mes pensées

Je suis avec toi
Dans mes pensées
La distance nc m'empêche pas
De traverser le pays
Avec toi
Dans mes pensées
Les villes, villages,
Les paysages
Les fleuves et les montagnes
Je les visite
Avec toi
Dans mes pensées

Depuis que tu m'as quittée

Depuis que tu m'as quittée
Je rêve de toi
Un long baiser
Toi et moi
Main dans la main

Depuis que tu m'as quittée
Je pense à toi
Des nuages dans ma tête
Nuit et jour
Pensées intenses

Depuis que tu m'as quittée
Je suis malheureuse
Tu me manques tellement fort
Nuit et jour
Tristesse immense

Depuis que tu m'as quittée
Je pleure sans cesse
L'orage des sentiments
Toi et moi
La fin de l'amour ?

Si tu savais

Si tu savais
Combien tu me manques
Combien je suis triste

Si tu savais
Ce que je pourrais faire
Pour écouter ta voix

Juste ta voix
Pour chasser
La tristesse

Juste ta voix
Pour combler
Le manque

T'oublier

T'oublier
Ne plus penser à toi
Ne plus rêver de toi
Est-ce possible ?

J'ai supprimé ton numéro
Hélas,
Je le connais par cœur

J'ai supprimé tes photos
Hélas,
J'en ai trouvé d'autres

J'ai supprimé tes textes
Hélas,
Il y en a de nouveaux

T'oublier
Ne plus penser à toi
Ne plus rêver de toi
C'est impossible

Pourquoi ?

Pourquoi ce silence ?
Pourquoi pas d'appel ?
Pourquoi pas de réponse à mes mails ?
Pourquoi pas de réponses à mes textos ?
Pourquoi ne me dis-tu pas la vérité ?

Pourquoi ce silence ?
Pourquoi ne me dis-tu
ce qui ne va pas ?
Pourquoi es-tu si froid ?
Pourquoi me caches-tu tes sentiments ?

Pourquoi ce silence ?
Pourquoi pas un mot ?
Pourquoi ne me dis-tu pas ce qui se passe ?
Pourquoi es-tu si indifférent ?
Pourquoi me tortures-tu ?

Pourquoi ce silence ?
Pourquoi me vexes-tu ?
Pourquoi ce comportement incompréhensible ?
Pourquoi veux-tu me punir ?
Pourquoi ? Pourquoi ? Pourquoi ?

Mon secret

Tu es mon secret
Caché au fond de mon cœur
Mon secret doux
Et amer à la fois

Tu es mon secret
Qui me fait vibrer
Mon secret tendre
Et douloureux à la fois

Prends-moi

Prends-moi dans tes bras
Serre-moi contre toi
Caresse-moi
Embrasse-moi
Remplis-moi de bonheur
Donne-moi ton amour
Rends-moi heureuse

52

Je veux encore

Je veux sentir
ton odeur
à des endroits secrets

Je veux toucher
ta peau
douce et belle

Je veux écouter
ton silence
les mots inexprimés
qui te sont propres

Pardonner

Pardonner
C'est dépasser
la rancune

Pardonner
C'est redonner
de la confiance

Pardonner
C'est accepter
que l'on est faillible

Pardonner
C'est rigoler
de nos erreurs

Pardonner
C'est retourner
au sens de la vie

Pardonner
C'est voyager
au cœur de l'autre

Pardonner
C'est confectionner
le nid d'amour

Pardonner
C'est aimer
Tout court

What is love ?

Avoir confiance en toi
Te croire
Attendre
que nos rêves
se réalisent

Parler avec toi
Discuter nos projets
Admirer
tes ambitions
Partager des idées
communes

M'énerver
Être fâchée
Parce que les malentendus
nous guettent
Te pardonner

Entendre ta voix
douce et sensuelle
Écouter tes phrases
qui me bouleversent

Admirer ta beauté
Ta belle peau
qui capte la lumière
du soleil

Te caresser
Ta poitrine
Sentir chaque muscle
de ton corps

Sentir ta bouche
Sur la mienne
Sur mes seins
Me rendant folle

Sentir ton odeur
Quand nos corps
doucement
s'enlacent
et se fondent

Penser à toi
tous les jours
Ne jamais t'oublier
Faire voyager mes pensées
pour être proche de toi

Tout ça
Et encore more
c'est l'amour
Love

La liberté

Tu n'es pas libre ?
Pourtant, tu fais que je vibre

C'est quoi la liberté ?
Pas plus qu'un jeu de dés

Dès que le sort en est jeté
Tu perds ta liberté

Je ne suis pas libre
Pourtant, je vibre

C'est quoi la liberté ?
Le choix de se faire vibrer

Dans mon jardin

Dans mon jardin
je cultive des fleurs
Des fleurs de l'amour
Des fleurs de la confiance

Dans mon jardin
je cultive des pensées
Des pensées sublimes
Des pensées qui me rapprochent de toi

Dans mon jardin
je cultive des fruits
Des fruits de ma patience
Des fruits de la passion

Dans mon jardin
je cultive des idées
Des idées toutes chaudes
Des idées qui nourrissent mes désirs

*ndolo **amour** en langue duala

Sommaire

Un grand merci à Béatrice Hesse d'Alzon pour la relecture des poèmes et à Lukas Frischknecht pour son aide concernant la mise en page.

Du même auteur

Livres pour enfants :

Ti Jojo au Pays des tomates multicolores
Illustrations : Yannick Robert
Éditions MONDE GLOBAL

Edition bilingue Occitan / Français :
Ti Jojo al país de las tomatas multicolòras
Edicion IEO Lengadòc

L'Allemagne
Illustrations : Gaëlle Dutter
Collection « Les terres des hommes »
Éditions GRANDIR

Pour un grand public :

Moments
Avec des dessins de Romain Ganer
Books on Demand

Moments
Livre audio
Musiques : EM TEH EXPRESS

Intégration
Étrangers habitant dans l'Hérault
Books on Demand

Plus d'informations sur : bpapethoma.jimdofree.com